SHEL SILVERSTEIN

HAY LUZ
◆ EN EL ◆
DESVÁN

Traducción de Victoria Alonso

EDICIONES **B**
GRUPO ZETA

Barcelona • Bogotá • Buenos Aires • Caracas • Madrid • México D. F.
Montevideo • Quito • Santiago de Chile

HAY LUZ
◆ EN EL ◆
DESVÁN

Título original: *Where the Sidewalk Ends*
Traducción: Victoria Alonso Blanco
Diseño: Kim Llewellyn
1.ª edición: noviembre, 2001
Publicado por acuerdo con Harper Collins Children's Books,
una división de HarperCollins Publishers, U.S.A.
© 1974, Evil Eye Music, Inc.
© 2001, Ediciones B, S.A.
en español para todo el mundo
Bailén, 84 - 08009 Barcelona (España)
www.edicionesb.com
Impreso en España - Printed in Spain
ISBN: 84-406-9962-X
Depósito legal: B. 5.837-2001
Impreso por Gráficas Domingo
Industria, 1 – 08970 Sant Joan Despí

HAY LUZ EN EL DESVÁN

Hay luz en el desván.
La casa está a oscuras, trancado el portón,
mas ese titileo oscilante que veo
me dice que algo está pasando.
Hay luz en el desván,
desde fuera lo veo,
y a ti dentro te creo... observando.

DIME CUÁNTO, CUÁNTO

¿Cuántos portazos aguanta un portón viejo?
    Según lo fuertes que sean los golpes.
¿Cuántas rebanadas da una barra de pan?
    Según lo finos que hagas los cortes.
¿Cuánta alegría cabe en un día?
    Según la que tú pongas en él.
¿Cuánto cariño cabe en un amigo?
    Según el que tú le puedas ofrecer.

CAZALUNAS

Un cazalunas me he hecho yo sola
y esta noche mismo pienso salir de caza,
red en alto, dando saltos y cabriolas,
a ver si atrapo la brillante esfera.

Y si mañana alzáis los ojos al cielo
y no veis la luna, será porque la suerte
se puso de mi parte y yo con gran arte
a la luna di caza con mi cazalunas.

Pero si la luna allá sigue brillante,
buscad más abajo que sin duda
me veréis columpiándome tan campante
con una estrella en mi red cazalunas.

LA HAMACA

La hamaca es regalo de la abuela;
regalo de Dios la brisa que siento.
Yo, aquí, que he venido a mecerme.
Y el otro árbol, ¿dónde lo encuentro?

11

CÓMO HACER PARA
NO SECAR LOS PLATOS

Si te toca secar los platos
(vaya rollo más pesado);
si te toca secar los platos
(en lugar de ir al mercado).
Si te toca secar los platos
y uno cae por el camino...
puede que ya nunca jamás
te encarguen ese mandado.

12

¡AL LADRÓN!

¡Policía, policía
tome usted carrerilla
que alguien se ha llevado mis rodillas!
Yo iría tras él, pero temo que mis pies
no liguen con mis piernas ni a la de tres.

LA NIÑERA

La señorita Charito vino anoche a hacer de niñera.
No sé si mamá lo sabe, pero creo que está chalada.
«Cuídeme bien al pollito», le dijo al salir a Charito,
y ella se pasó la noche sobre mi hermanito sentada.

ORACIÓN DEL NIÑO EGOÍSTA

A la cama voy porque ya es tarde,
y ruego al Señor que mi alma guarde
y si durante el sueño yo muero,
antes que otros los usen
que mis juguetes rompa también, se lo ruego.
Amén.

¿QUÉ LE DIJO...?

¿Qué le dijo la zanahoria a la espiga?
«Tú sí que acabas hecha migas, amiga.»
¿Qué le dijo la pluma al papel?
«¡Chupatintas, mira que eres cruel!»
¿Qué le dijo la tiza a la tetera?
¡Pues nada! Las tizas no hablan, ¿no te enteras?

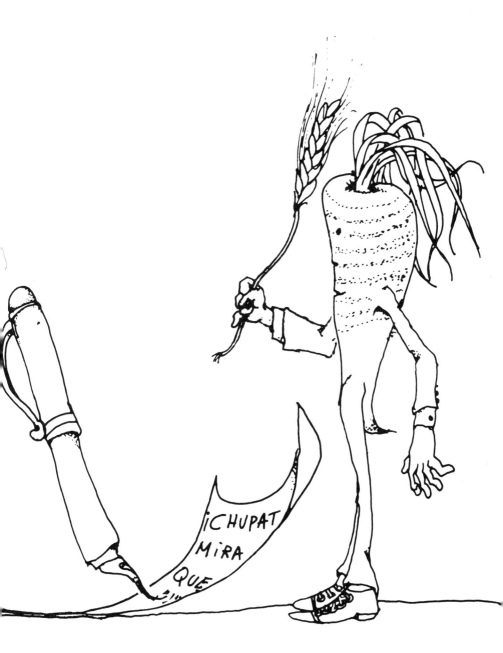

BATIDO

Juanita, maja, deja ya de agitar la vaca;
por tu bien, guapa, por tu bien y por la vaca, no le des más la lata.
¡Habráse visto! ¡Qué método más retorcido
has encontrado para hacerte un batido!

SEÑALES

Cuando la luz está verde, pasas.
Cuando la luz está roja, paras.
Pero dime, ¿qué haces tú
si la luz se pone azul
con manchas violetas y tornasoladas?

UNA PIEZA DE ROMPECABEZAS

Una pieza de rompecabezas
en la acera hay tirada,
una pieza de rompecabezas que
de lluvia está empapada.
¿Será el botón azulado
del gabán de aquella vieja
que un zapato habitaba?
¿Y una mágica habichuela?
¿Quizá del manto de una reina
un pliegue rojo ciruela?
Tal vez sea un trocito de la manzana
que a Blancanieves dio
aquella madrastra inhumana.
O a lo mejor el nupcial tocado de una novia,
o una lámpara con un genio malvado.
¿Y por qué no un pequeño mechón
del seboso barrigón de Bubú,
aquel famoso oso bonachón?
Quizá sea un andrajoso colgajo
dejado por la bruja Piruja
al esfumarse en su escobajo,
o el rastro borroso de una lágrima
en el rostro de un ángel lloroso.
¡Nada guarda tantos misterios ni tanta grandeza
como una mojada y vieja pieza de rompecabezas!

TU TOQUE...

Dibuja un garabato,
inventa un poema tonto,
canta una copla locuela,
silba con tu peine un son.
Atraviesa la cocina
bailando cual botarate.
Añádele a la vida
un toque de disparate.

MONSTRUOS QUE HE CONOCIDO

Conocí a un fantasma que no quiso mi cabeza,
sólo quiso que le dijera cómo llegar a París.
Conocí a un demonio que no quiso mi alma,
sólo quiso que le dejara mi bici un rato.
Conocí a un vampiro que no quiso mi sangre,
sólo quiso que le diera algo para el desayuno.
Sí, conozco a muchos ya, y muy horrorosos.
Pero daño no me ha hecho ninguno.

CONJUNTO FAMOSO

Si fuéramos un famoso conjunto de rock,
haríamos siempre viajes de ensueño.
Podríamos tocar, cantar y de lentejuelas actuar,
si fuéramos un famoso conjunto de rock.

Si fuéramos un famoso conjunto de rock,
actuaríamos en escenarios grandiosos,
vendría el público a oírnos, adorarnos y aplaudirnos.
¡Que viva el famoso conjunto de rock!

Si fuéramos un famoso conjunto de rock,
tendríamos millones de fans ruidosos.
Repartiríamos risas, sonrisas y firmas con prisas,
si fuéramos un famoso conjunto de rock.

Si fuéramos un famoso conjunto de rock,
todos con admiración nos besarían la mano.
Seríamos millonarios y llevaríamos los pelos largos,
si fuéramos un famoso conjunto de rock.

Pero no somos un famoso conjunto de rock,
sólo siete en la playa, siete escandalosos
con palas, cubos y con guitarras caseras,
con tambores de pega y viejas tarteras.

Sólo siete niños, siete chavales
que cantan y gritan sin pensar en modales
mientras sueñan e imaginan si no sería, ay, maravilloso
ser un famoso conjunto de rock.

ALGO FALTA

Recuerdo que me puse los zapatos,
recuerdo que me puse los calcetines,
recuerdo que me puse la corbata,
esa azul y violeta
de preciosos colorines.
Recuerdo que me puse la chaqueta
para ir yo impecable al baile.
Y no sé, siento que
algo se me olvidó...
Pero, a ver, ¿qué, eh? ¿Qué?

EL EMPOLLÓN DE RAMÓN

Ramón se aprendió de memoria el diccionario.
Pero no hay manera de que encuentre trabajo,
ni a nadie que de casarse sea partidario
con alguien que de memoria se aprendió el diccionario.

HABRÁ QUE...

Habrá que subir a lustrar las estrellas,
pues tienen un aspecto un tanto mortecino.
Habrá que subir a lustrar las estrellas,
pues las gaviotas, las águilas, los estorninos
se quejan de verlas tan deslucidas y apagadas.
Dicen que compremos nuevas, pero son tan caras
que, por favor, id a por trapos
y lustres en botellas,
que habrá que subir a lustrar las estrellas.

REFLEXIÓN

Siempre que al Hombre del Revés
en el agua quieto veo,
lo miro y me entra risa.
Y no debiera, está feo,
pues quizás en otro mundo,
en otro tiempo,
en otro lugar, es
él quien está del derecho
y yo quien está del revés.

PIRUETAS DE UNA ATLETA

El salto más espectacular que jamás he visto dar
lo dio Melisa Aguilar, natural de Puerto del Mar.
Rebotó en la palanca, se elevó por los aires;
la cabeza, un sacacorchos, el pelo al desgaire.
Dio veinte saltos de carpa, giro y contorsión atrás,
cuádruple salto mortal y tirabuzón además,
luego nueve volteretas y un cuarto de propina...
Pero al bajar la vista, no vio agua en la piscina.

YA VIENE

Ya viene el verano,
ya llega,
trina la golondrina, brota la rosa.
Ya viene el verano,
ya llega,
caen chaparrones, sobra la ropa.
Ya viene el verano,
ya llega...
ya —¡uf, qué frío!— se va que galopa.

EL DRAGÓN DE GRUÑA GRAÑA

Soy el dragón de Gruña Graña,
llamaradas como el sol arrojan mis entrañas.
Si un caballero andante
viene buscando jaleo, yo al instante
lo chamusco cual castaña.

Cuando es una doncella quien por aquí pasa,
lanzo un suspiro que abrasa
y la dejo tan frita como una papa,
mas una triste lagrimita
por mi rostro rueda al recordarla en casa.

Soy el dragón de Gruña Graña,
mas comiendo no disfruto por ser alimaña
y aun prefiriendo las doncellas poco hechas
siempre me quedan pasadas y casi deshechas.

LA CULPA

Te había escrito un libro bonito de verdad
sobre soles, arco iris
y sueños que se hacen realidad.
Pero fue la cabra y se lo comió
(tú ya sabes cómo es ella, ¿verdad?).
Pues me puse a escribirte otro
a toda velocidad.
Claro que era imposible que fuera
un libro tan entretenido
como aquel otro maravilloso
que la loca se comió.
En fin, que si no te gusta
este libro que acabo de redactar,
la culpa a la cabra le puedes echar.

LA LEONERA

¡Qué vergüenza de habitación! ¿De quién será?
La ropa interior de la lámpara cuelga,
el chubasquero tirado sobre el sillón abarrotado,
y el sillón que se moja; ¡y el moho no está en huelga!
En la ventana, la libreta hace de palanqueta,
el jersey como un trapo, en el suelo hecho un guiñapo,
la bufanda y el esquí bajo esa tele de ahí,
los pantalones ahí en la puerta, como un harapo,
los libros en el armario apelotonados,
Castro, el lagarto, sobre el camastro dormido,
el chaleco hecho un ovillo en medio del pasillo,
y ese calcetín apestoso y percudido de la pared prendido.
¡Qué vergüenza de habitación! ¿De quién será?
Quizá de Miguel, o de Julián, o tal vez de...
¿Qué? ¿Mía, dices? ¡Vaya, pues no atinaba!
¡Ya decía yo que me sonaba!

NUNCA

Nunca le he echado el lazo a un toro,
nunca me he batido en duelo abierto,
jamás el desierto he atravesado
a lomos de un mulo patituerto,
ni he escalado la nariz de un ídolo
para robar joyas de los muertos.

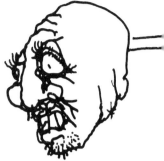

Nunca con mi barco he naufragado
en olas de una mar embravecida,
tampoco he salvado la vida a un león
ni él después ha salvado la mía;
nunca he gritado «¡Aaah, aooh!» por la selva
saltando entre lianas con alegría.

Nunca me he jugado el dinero al póquer
en un tugurio mugriento e infernal,
ni me he alzado del ring a la de nueve
para después destronar al campeón mundial;
jamás mi rostro se ha estampado
en una serie de sellos especial.

Nunca he ganado la final del Mundial
por lanzar el balón a meta derecho,
tampoco me he cargado a seis cuatreros
con el arma de mi hermano maltrecho,
ni tras besar a una princesa huí
cabalgando hacia poniente, satisfecho.
A veces me entristezco y me deprimo,
si pienso en todo lo que nunca he hecho.

PASADO HALLOWEEN

¡Esqueletos, espíritus, calaveras!
¡Esqueletos, espíritus, calaveras!
Son las rebajas de Halloween, señores,
vendo barato y llevo los mejores
espíritus, esqueletos y calaveras.

¡Espíritus, esqueletos, calaveras!,
puede llevarse los que usted quiera.
Pague por sustos de gran truculencia
que aquí nos sobran las existencias
de espíritus, esqueletos y calaveras.

ONDULADO

Yo creía tener el pelo ondulado,
hasta que un día me afeité. Ahora veo
que lo tengo liso y estirado,
y un cráneo muy ondulado poseo.

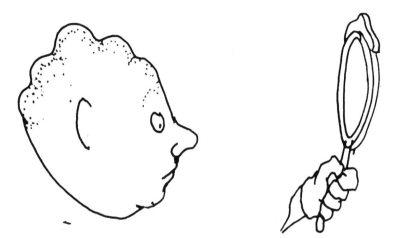

LARGOMÓVIL

Éste es el coche más largo del mundo, lo juro.
va de la Catedral a la calle Rey Arturo.
Tú te metes dentro
y vayas donde vayas,
ya puedes bajarte, que has llegado seguro.

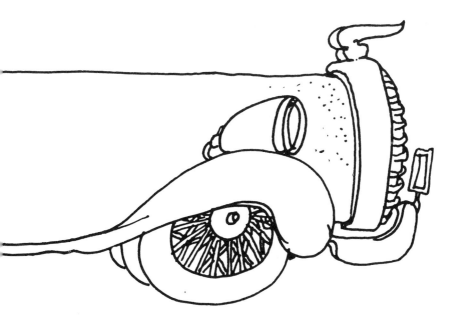

REMIGIO REVÉS

Ay, pobre Remigio, Remigio Revés,
que en lo más alto vive de Monte Revés,
un hoyo excavado en la arena, la verdad
(o sea, un monte boca abajo en realidad).

Remigio Revés en una choza vive del revés
con gran porche frontal en el patio de atrás, ya ves.
Se entra por la ventana, se mira por la puerta
y el sótano en la azotea se encuentra.

Cuando Remigio galopa, nada lo detiene,
no sabe adónde va, mas ve de dónde viene.
«Hiii», suenan sus espuelas; «clic, clac», a su caballo oirás
y a su pistola hacer «mup», pero «pum» jamás.

Remigio Revés tiene un perrito del revés
y cuando amanece, ambos cenan sus purés;
y Reme Revés es su bien amada esposa.
«Mi gran horror», dice Remigio de su diosa.

Remigio Revés en los pies luce el sombrero
y los calzones se pone sobre el chubasquero;
y a su jefe le paga, cuando tiene él que cobrar,
y, caballo a cuestas, alegre se va a galopar.

EL SEÑOR PARDEZA Y EL SEÑOR MONTERO

El señor Montero
tenía veintiún sombreros,
diferente cada uno.
El señor Pardeza
tenía veintiuna cabezas,
pero sombrero tan sólo uno.

Un día, el señor Pardeza
topó con el señor Montero
y se pusieron a hablar
de la compraventa de sombreros.
¡Y el señor Montero
a Pardeza compró su sombrero!
¿Has visto alguna vez en tu vida
un acuerdo tan disparatero?

CUESTIÓN DE SERPIENTES

No es que a mí no me gusten las serpientes,
pero a ver qué haces tú
si una pitón de seis metros te dice:
«I love you.»
(así, en inglés)

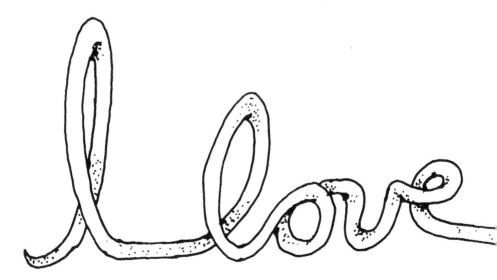

OSO INTRUSO

En la nevera un oso polar
se nos ha venido a instalar...
Él, feliz, pues del frío se debe reír.
Ahí amorrado en el pescado,
las posaderas sobre la ternera,
las gruesas y peludas pezuñas
de lleno en la mantequillera,
él muerde que muerde fideos,
pica que pica tocinillos de cielo,
sorbe que sorbe la gaseosa,
lame que te lame cubitos de hielo.
Y te suelta tremendos rugidos
si abres la puerta por descuido.
A mí me da pánico pensar
que dentro me lo voy a encontrar,
pues en la nevera un oso polar
se nos ha venido a instalar.

SUPERSTICIOSO

El que es supersticioso, entre baldosas nunca ha de pisar.
Al ver una escalera, jamás pasará por debajo.
Y si se le cae la sal, un poco a su espalda debe lanzar,
y una pata de conejo siempre llevará como espantajo.
Y deberá recoger todo alfiler que encuentre en el suelo olvidado,
y nunca, pero nunca, tirará el sombrero sobre la cama
ni abrirá el paraguas en casa de nadie.
Ha de morderse la lengua
si suelta algo que no debió soltar,
y aguantará la respiración, y cruzará los dedos
si por un cementerio ha de pasar.
El trece le traerá mala suerte hasta que muera,
y los gatos negros también verá odiosos el que es supersticioso.
Pero yo como no soy supersticioso... ¡toco madera!

EL PIRATA

Ay, el deslenguado y lenguaraz capitán pirata
(llamado John, si no me equivoco),
con sus hurañas maneras, sus furiosas bravatas
y ese humor suyo tan grosero y tan faltón.

Corre el rumor de que encarcela
a sus colegas del mar en la húmeda bodega,
y luego los iza al palo como velas,
y los manda a la tabla, y a los tiburones los entrega.

Él, a lo suyo, puede ordenarte desenterrar
los barriles de oro de mal modo afanados
y no se te ocurra siquiera hipar o rechistar,
que terminas tú dentro en el hoyo enterrado.

En una balsa a la deriva capaz es de dejarte
(ante quejas y llantos él se muestra impasible),
o hasta en una isla desierta desembarcarte
y abandonarte de por vida sin rescate posible.

Es un ser malvado, un tipo cruel y despiadado,
el más odioso que nunca haya existido.
Pero si a tu casa a cenar le has invitado,
siéntalo a mi lado, por favor te lo pido.

BATRAJAR

Prefiero jugar al tenis que ir al dentista.
Prefiero jugar al fútbol que ir al oculista.
Prefiero jugar a batrajar que ir a trabajar.
¿Batrajar? ¿Batrajar? ¿Qué es eso de batrajar?
Pues no sé, pero seguro que es mejor que trabajar.

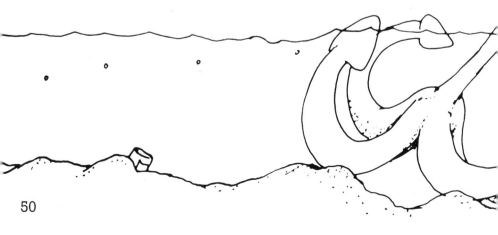

UN MAR DE DUDAS

Nuestra ancla es muy grande para la embarcación
y aquí estamos los tres venga a cavilar:
Si la dejamos en la playa, estamos perdidos.
Si la subimos a bordo, podríamos naufragar.
Si seguimos aquí enfrascados en esta discusión,
se nos hará tarde para la excursión.
No sabéis lo duro que es para un marinero
que el ancla sea mayor que la embarcación.

PICOR INATACABLE

Hay un punto imposible de rascar,
entre las dos paletillas se sitúa,
como el huevo huevón
de irrompible cascarón.
Te tuerces y retuerces para ver si llegas,
doblas el cuerpo, giras el cuello,
crujen los codos, te quedas sin resuello;
alargas los dedos, ya casi estás,
sigues y avanzas, hay esperanzas,
ya ni respiras, te estiras, rezas
a un milímetro ya de la proeza.
Peor que un rayo de sol inasible
es ese punto que te quieres rascar
y siempre resulta imposible.

MANOS DE MANTEQUILLA

Todo lo que el rey Midas tocaba
se convertía en oro. ¡Qué suerte!
 A mí en cambio todo lo que toco
en mantequilla se me convierte.
Hoy toqué la pared de la cocina (blop),
di un cachete a mi hermana Lina (plop).
La bici el otro día quise arreglar (blup),
y a mamá en la cara fui a besar (flup).
Los pies en los chanclos fui a meter (clof),
las noticias de *El Correo* quise leer (plof),
me senté en el butacón del abuelo (blup),
probé a desenredarme el pelo (jlup),
fui a darme un chapuzón en el mar (blof).
¿Me querrías con la mano saludar? (Flop.)

«¿IMPORTNTE?»

La «a» chica a la gran «G» díjole un día:
«Sin mí, querida mía,
el mar sólo sería
el "mr",
la pulga sería
"l pulg".
Y tierra y aire no podrían
existir sin mi compañía.»
Respondióle la gran «G» a la «a» chica así:
«El "mr" con sus "ols" "seguirí"
"slpicndo" sin ti.
y los mismos "sltos" "drí"
"l pulg" sin ti.
Y "tierr" y "ire" "igul" "seguirín"
existiendo sin tu compañía.»

UN PULGAR CON MUCHA CARA

Me ha salido una cara en el pulgar
—que conste que yo no la he pintado—
con ojos traviesos, orejas picudas
y el pelo verdoso y erizado.
A mis amigos no se la dejo ver,
pues me mirarían asombrados.
Tiene unos morritos muy guasones
con dientecitos amarillos adornados.
Se burla cuando empuño el tenedor,
se mofa cuando nota que estoy triste
y ríe que te ríe sin parar:
en todo lo que hago ve ella un chiste.

LA MÁQUINA DE HACER DEBERES

Máquina de hacer deberes, oh, qué gran invento eres,
el artilugio más perfecto que jamás conocieres.
Metes dentro los deberes, introduces la moneda,
pulsas ese interruptor y en diez segundos la tarea
bien limpia y terminada tienes.
Ya verás: «¿Cuatro más nueve?» Y la respuesta es: «Tres.»
¿Tres?
¿Esto qué es...?
Yo la creía perfecta,
mas no lo es, como ya ves.

57

OCHO GLOBOS

Ocho globos que nadie quería comprar
una tarde de pronto se soltaron.
Sus ocho cordeles el viento mecía
y ellos libres por el aire volaron.
Uno se elevó para tocar el sol... ¡POP!
Otro entre los coches perdió el control... ¡POP!
Otro en un cactus se echó a descansar... ¡POP!
Otro con un revoltoso se quedó a jugar... ¡POP!
Otro, tragón, en la sartén husmeó... ¡POP!
Otro de un puerco espín se enamoró... ¡POP!
Otro quiso verle la boca al caimán... ¡POP!
Otro se desinfló haciendo el haragán... ¡FSSS!
Ocho globos que nadie quería comprar
se soltaron y emprendieron el vuelo
y libres flotaron todo el día
y donde gustaron explotaron.

«ACIONES»

Si nos vemos y yo te digo «Hola»,
eso se llama salutación.
Si me preguntas qué tal estoy,
eso es consideración.
Si nos paramos a hablar un rato,
se llama conversación.
Y si además nos entendemos,
eso es comunicación.
Si discutimos y peleamos,
se llama confrontación;
pero si luego hacemos las paces,
es reconciliación.
Si en casa echamos una mano,
eso es cooperación.
Y todas esas «aciones» juntas
hacen la civilización.

(Y si yo digo qué gran poema éste,
¿se llama eso exageración?)

CARRERA MUSICAL

Ella se empeñaba en tocar el piano,
pero las manos no le llegaban al teclado.
Cuando por fin las manos le llegaron al teclado
resulta que no alcanzaba el suelo con los pies.
Cuando por fin llegó con las manos al teclado
y también el suelo logró alcanzar con los pies,
tocar el piano para ella no tenía interés.

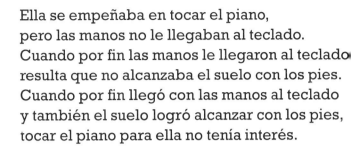

OSO HORMIGUERO

«Sí, señor. Es un auténtico oso hormiguero»,
le dijeron a mi tío cuando lo compró.
Luego resulta que era un oso ombliguero,
que al verle el ombligo a mi tía, ¡se la comió!

EL POTRO SALVAJE

¿Osas montar este potro salvaje?
¿Aguantarás en la montura maloliente
hasta que te castañeen los dientes?
¿Lo jalearás en pleno baqueteo
sin dejar que te tire de la silla?

¿Osas montar este potro salvaje
con sus resoplidos y coces feroces,
sintiendo que tu estómago se encoge
y que en el momento menos pensado
te puede partir por la rabadilla?

Claro que montaré al potro salvaje.
Será subirme y ponerme a silbar
hasta que el potro empiece a flaquear.
Entonces comprenderá de repente
que es él quien me debe obedecer.

Yo domaré a este potro salvaje.
Veréis, monto tranquilamente así.
Aquí tenéis ya al potro salvaje.
　　　　Y aquí me tenéis a mí. →

¡CLAC!

Abría ella su paraguas,
pues creía que iba a llover,
cuando todos oímos un ruido seco.
Se había cerrado el cepo,
y ya nunca más la volvimos a ver.

PLAZO VENCIDO

¿Qué hago?
¿Qué hago?
Cuarenta y dos años han pasado
del plazo de entrega obligado.
Reconozco que es de la biblioteca,
pero esa multa... como no pida hipoteca...
¿Debería devolverlo?
¿O tal vez volver a esconderlo?
¿Qué hago?
¿Qué hago?

FRESAS SALVAJES

¿Serán las fresas salvajes, salvajes de verdad?
¿Arañarán a los hombres, desgarrarán a los niños con ferocidad?
¿Se las podrá domesticar, o será mejor dejar que corran sueltas?
¿Aguantarán en casa con la calefacción a toda marcha?
¿Se les podrá enseñar a que no gruñan a los invitados?
¿Y a hacer sus necesidades sin dejarlo todo pringado?
¿Se podrá hacer de ellas fresas pastoras que cuiden de las ovejas?
¿O fresas de tiro, que tiren de arados por parejas?
¿O fresas de caza, que corran tras las presas?
¿O fresas guardianas, que vigilen tiesas las casas?
Y por mucho que se acurruquen a tus pies melosas,
¿no recelarás nunca de sus malas artes engañosas?
¿No sería mejor domesticar algo menos asilvestrado,
quizá la naranja nacional o el kiwi importado?
Tú sabrás. Pero yo te aviso, no me vayas a culpar
si luego tu fresa salvaje no logras domesticar.

CÓMO HACER UN COLUMPIO SIN CUERDAS, TABLAS NI CLAVOS

Primero te dejarás un bigote
de unos dos metros de envergadura.
Luego, lo enlazas a la rama de un nogal
(procura que sea fuerte y dura).
Entonces das un salto en el aire
y, en cuanto llegue la primavera,
¡a columpiarse sin descansar!

BOLA OCULAR

En la máquina de las bolas he visto un ojo,
justo entre la de color verde y la de rojo,
que no deja de espiarme allí donde voy,
como diciendo: «Oye, tú, basta ya de chicles por hoy.»

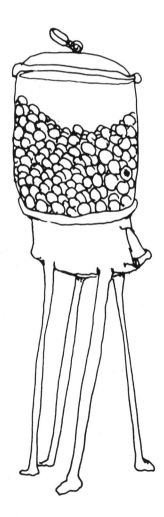

PERRITO CALIENTE

Tengo por mascota un perrito caliente,
el único animal que en mi casa
consienten complacientes.
Es verdad que es una compañía
un tanto maloliente.
Pero él jamás moja el sofá,
no como otros desobedientes.
Nuestro veterinario es, en consecuencia,
un carnicero, cosa bien rara, soy consciente.
Creo que somos una familia poco corriente:
tenemos por mascota un perrito caliente.

AVENTURAS DE UN *FRISBEE*

El *frisbee*, ya harto de andar todo el día
de acá para allá sin parar,
se puso a cavilar qué otras cosas
podría hacer para disfrutar.
Y cuando lo lanzaron de nuevo,
cambió el rumbo
y en pos de nuevos descubrimientos se alejó
para perderse en el cielo.
Probó a ser monóculo, pero decían
que no era transparente.
Probó a ser ovni, pero enseguida vio que
lo identificaba la gente.
Probó a ser plato de mesa, pero lo dejó
pues al poco tiempo se melló.
Probó a ser pizza, mas con tanto manoseo
y tanto horno se cansó.
Probó a ser tapacubos, pero las ruedas
se movían demasiado.
Probó a ser disco, pero las revoluciones
lo dejaban mareado.
Probó a ser moneda, mas nadie lo quería
por su extrema pesadez.
Así que dio media vuelta, y regresó contento
para ser *frisbee* otra vez.

VEN A PATINAR

Me dijeron que fuera a patinar,
me dijeron que era divertido.
Me dijeron que fuera a patinar;
yo dos veces antes había ido.
Me dijeron que fuera a patinar;
y, la verdad, sonaba divertido...
Me puse los patines de ruedas
y al *hielo* se habían referido.

EL QUIENERESTÚ CON UN QUESLOQUESTAHÍ

¡Pum, pum!

¿Quién es?

¡Yo!

¿Quién eres tú?

¡Tú lo has dicho!

¿Qué he dicho yo?

¡Quienerestú!

¡Eso quisiera yo saber!

¿Qué es lo que quisieras saber?

¿Quién eres tú?

¡Ahí está!

¿Qué es lo que está ahí?

¡Sí, con un Quesloquestahí atado a una cadena!

¿Qué es lo que está ahí atado a una cadena?

¡Sí!

Sí ¿qué?

¡No! ¡Quesloquestahí!

¡Eso quisiera yo saber!

¡Si te lo acabo de decir!: ¡Quesloquestahí!

¿Qué es lo que está ahí?

¡Sí!

Sí ¿qué?

¡Sí, que está aquí conmigo!

¿Qué está ahí contigo?

Quesloquestahí, eso es lo que está aquí conmigo.

¿Tú quién eres?

¡Tú lo has dicho!

¡Largo de aquí!

Pum, pum...

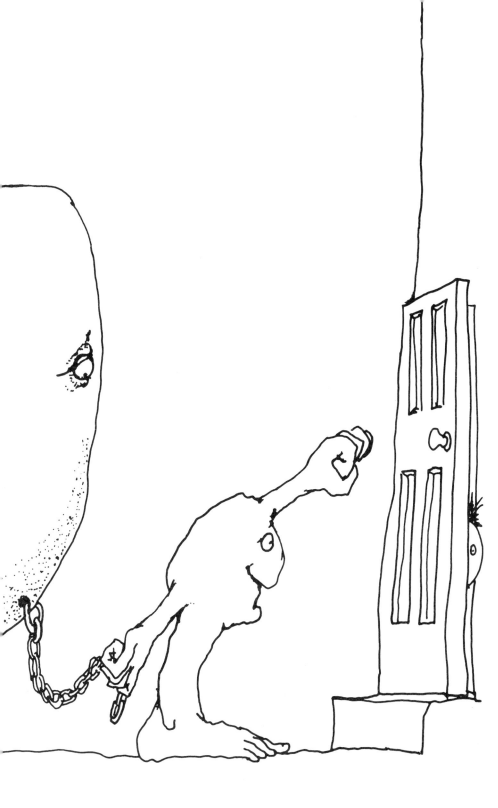

PAYO, EL PAYASO

Os voy a contar la historia de Payo, el payaso,
que trabajaba en un circo que vino de paso.
Los zapatos le iban grandes, el sombrero chico,
pero gracia... qué poca gracia tenía el pobrecil.
Entonaba al trombón tonadillas estruendosas,
tenía mil globos y una perrita verdosa.
Era alto y desgarbado, flaco y desaliñado,
pero gracia... qué poca tenía el pobrecillo.
Siempre que gastaba alguna broma,
el público lo miraba con sorna.
Siempre que contaba algún chiste,
el público suspiraba bien triste.
Siempre que el zapato perdía,
el público mustio languidecía.
Siempre que hacía el pino
gritaban: «¡Vete a tu casa, chaval!»
Siempre que daba sus volteretas,
el público se ponía a roncar.
Siempre que se tragaba la corbata,
el público lloraba a cataratas.
Así que Payo no podía hacer fortuna,
simplemente porque no tenía gracia alguna.

Pero un día dijo: «Hoy sabréis de la desgracia
que significa ser un payaso sin ninguna gracia.»
Y a las gentes explicó el porqué de su tristeza;
y a las gentes explicó el porqué de su torpeza.
Habló de dolor, de horror y frío,
habló de negrura y de vacío.
Y cuando terminó de contar sus penas,
¿creéis que el público lloró su condena?
¡No, no, no, no! Todos se echaron a reír,
que si «ja, ja, ja», que si «ji, ji, ji».
Reían dando hipidos y grititos,
reían revolcados y partidos,
reían a mandíbula batiente.
Días, semanas rió la gente
y la risa se extendió por el valle,
por pueblos, ciudades y calles,
subió montañas, surcó los mares,
del monte Everest a los polos polares,
la Tierra entera tronó,
ya nadie podía parar la risa.
Entonces Payo, en la carpa aturdido,
cabeza gacha, hombros hundidos,
a todos dijo: «NO ERA MI INTENCIÓN
HACER GRACIA POR EQUIVOCACIÓN.»
Y mientras afuera seguían riendo a reventar,
Payo, el payaso, se sentó y rompió a llorar.

CAMBIOS DE VESTUARIO

Me probé el sombrero de granjero:
no me encajaba.
Un pelín pequeño, no entraba,
además era tan blando...
No me acostumbraba.
Me lo quité.

Me probé las zapatillas de bailarina:
un poco holgadas
y nada apropiadas
para ir de paseo.
No estaba yo cómoda.
Me las quité.

Me probé el sol de verano,
qué bien se estaba:
tan calentito como imaginaba.
Probé la hierba descalza,
qué bien andaba.
Al fin, por fin daba con la ropa adecuada.
La Naturaleza a mí me viste como nada.

FIGURAS

Estaba el señor cuadrado
en su choza rectangular
cuando un triángulo malhadado
en la espalda se le fue a hincar.
«¡Tendré que ir a urgencias!»,
gemía el lesionado.
Pero (mira tú qué coincidencias)
por allí ha pasado un círculo muy rodado,
y al hospital de un bote se lo ha llevado.

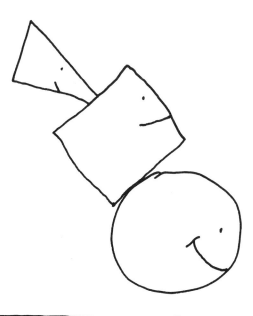

AGOTADO

Qué ajetreo llevo hoy, no lo vas a creer,
¡estoy agotado!
El tiempo corre tan deprisa, hay tanto que hacer,
¡estoy agotado!
Me he tumbado en la hierba para aguantarla en su sit
he aplastado una hoja con todo el moflete;
he probado manzanas por si estaban dulces
mientras contaba deditos de pies de ciempiés.
Me he aprendido una nube de memoria;
he advertido a los tordos que moderen su euforia,
he ahuyentado a las mariposas de las tomateras,
y he vigilado que no vinieran tornados ni trombas.
He dirigido las labores de hormigas obreras
y luego he cavilado sobre la poda del melonar.
Al sol en su descenso he cronometrado,
he prohibido a los peces que entraran en mi red,
y hasta doce mil cuarenta veces he respirado.
¡Estoy AGOTADO!

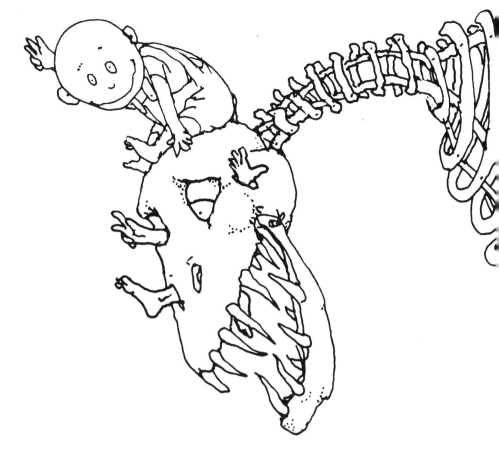

PREHISTORIA

Estos lagartos, tortugas y sapos, hijo, que te gustan tanto,
fueron en tiempos dinosaurios y pleosaurios.
Luchaban contra anquilosaurios blindados, brontosaurios salvajes,
glytodóntidos, varánidos y herbívoros plateosaurios;
contra el ictiosaurio nadador, el pteranodon volador,
el tiranosaurio, el cronosaurio y el traicionero trachodon;
y el chillón archaeopterys, el triceratops y otros muchos
que ni sé pronunciar, y escribir no digamos.
Muy lentamente, se convirtieron en lagartos, tortugas y sapos.
¿Y sabes aquellos hombres prehistóricos, tan valientes,
tan brutos y tan peludos?
Pues en nosotros se convirtieron, aunque no lo quieras creer!

MI GUITARRA

Ay, qué gran maravilla sería
una guitarra capaz de tocar y cantar,
por sí sola... Qué alegría tener algo así,
una guitarra que no necesitara de mí.

UNA AVISPA MUY LETRADA

Una avispa me picó
en lugar muy delicado.
Una avispa me picó
mientras estaba tumbado
y no te puedo enseñar
el tatuaje que dejó,
mas su mensaje decía:

HOLA...
AQUÍ TE PICÓ
UNA AVISPA

81

UN TOQUE DE PIMIENTA DIARIO

Recuerda que es necesario echarse pimienta a diario,
recuerda que es necesario echarse pimienta a diario.
Pues si un día te secuestra algún Barbazul salvaje
y a una bruja andrajosa
te vende para el puchero,
en cuanto el pelo te huela
«¡Achís!» hará la sanguijuela,
y gritará: «Ay, tunante, pero si estás picante.
¡No sirves para la cazuela!»
Armando un gran jaleo te mandará a paseo,
y huirás del escenario,
salvándote del calvario
si siempre, siempre, siempre,
pero siempre, siempre, siempre,
recuerdas que es necesario echarse pimienta a diario.

PICOTEO

Lo más triste que he visto, lo menos fantástico:
Un pájaro carpintero que con desespero
picoteaba un árbol de plástico.
Nada más verme paró y me dijo, lastimero:
«Antes todo era más dulce, si te he de ser sincero.»

¡QUÉ CALOR!

¡Qué calor!
He bebido un litro de gaseosa
y no me refresco.
Casi mejor me quito los zapatos
y me tumbo al fresco.

¡Qué calor!
Tengo la espalda empapada,
me suda el cuello.
Casi mejor me quito estas ropas
y me quedo en cueros.

¡Qué calor!
He probado ventiladores, piscinas
y helados, sin solución.
Casi mejor me quito el pellejo
y me quedo en los huesos.

¡Y sigue haciendo calor!

TORTUGA

Hoy la tortuga no ha comido nada,
está ahí boca arriba tumbada,
como paralizada.
Le apreté en las costillas
para hacerle cosquillas,
le agité en las narices una cuerdecilla.
Pero nada,
que ahí sigue tiesa,
como mirando al frente, muy quieta.
Dice Luis que está muerta.
«¡Qué va! —le digo— ¡Lo que hay que oír!
¡Si es de madera, cómo va a morir!»

LA BAÑERA ESTÁ REPLETA

Mucho niño en la bañera.
Sobran codos que limpiar.
He frotado algún trasero,
pero creo que el mío no.
Mucho niño en la bañera.

CANALES

El canal uno carece de todo interés.
El canal dos sólo da noticias y adiós.
En el canal tres, todo al revés.
¿Y en el cuatro?: Demasiado teatro.
El canal cinco, saltos y brincos.
El canal seis estropeado lo tenéis.
El canal siete y el canal ocho,
pelis viejas para abuelos muy pochos.
El canal nueve no me conmueve.
¿Y en el canal diez?: «La vida de un pez.»
¿Qué te parece si hablamos, sólo por esta vez?

VUELO HIPOPOTÁMICO

Érase un hipopótamo que quería volar
y-sus-chin-chin, sueños-chin-chin, probar-chin-chin, chin-pam.
Y se puso unas alas con las que alzar el vuelo
y-el-chin-chin, cielo-chin-chin, tocar-chin-chin, chin-bam.

Hasta las altas cumbres de un monte trepó,
aunque-chin-chin, mucho-chin-chin, tardó-chin-chin, chin-pom.
Arriba el cielo nublado, abajo el mar salado...
¡y-qué-chin-chin, miedo-chin-chin, sintió-chin-chin, chin-bom!

(Final feliz)
Batiendo las alas armó un gran barullo.
¡Qué-or-chin-chin, gu-llo-chin-chin, sintió-chin-chin, chin-flas!
Y como el águila entre las nubes desapareció.
«Adiós-chin-chin», se-des-chin-chin, pidió-chin-chin, chin-plas.

(Final infeliz)
Pegó un salto tremendo y bajó y bajó
vaya-chin-chin, salto-chin-chin, malo-chin-chin, chin-plaf.
Y sin un hueso sano hacia el mar cayó,
muerto-chin-chin, y-aho-chin-chin, gado-chin-chin, chin-glup.

(Final gallina)
Miró al cielo, miró al mar,
«Uy-que-chin-chin, tengo-chin-chin, miedín-chin-chin, chin-pín.»
Dio la vuelta y volvió, y en casa merendó.
Y-chin-chin, aquí-chin-chin, para el cuento por fin.

YSI

Anoche estaba aquí tumbado, en mis pensamientos sumido,
cuando unos ysis se colaron hasta el fondo de mi oído
y la noche se pasaron armando gran alboroto,
venga a cantar el *Ysi*, aquello era un follón:
¿Y si en clase me quedo atontado?
¿Y si la piscina me la han cerrado?
¿Y si me dan una paliza tremenda?
¿Y si me envenenan la merienda?
¿Y si lloro por casualidad?
¿Y si muero de una enfermedad?
¿Y si suspendo el examen que he hecho?
¿Y si me crece pelo verde en el pecho?
¿Y si nadie quiere mi amistad?
¿Y si un rayo me parte por la mitad?
¿Y si ya no crezco más en la vida?
¿Y si la cabeza se me queda encogida?
¿Y si no pica ni un pez en el anzuelo?
¿Y si se me rasga la cometa en pleno vuelo?
¿Y si estalla una guerra mundial?
¿Y si mis papás se divorcian al final?
¿Y si lleva retraso el autobús?
¿Y si se me ponen los dientes como a Bugs?
¿Y si se me hace un siete en los pantalones?
¿Y si no aprendo a bailar en condiciones?
Te crees que todo va fenomenal y, de pronto,
¡los ysis de la noche otra vez hacen el tonto!

ROSA, CARA CHINCHOSA

Rosa, cara chinchosa,
¿tanto te pesa la cabeza,
que siempre la apoyas en la mano?
¿Has estado satisfecha alguna vez?
Antes te lamentabas
porque no tenías abrigo de pieles;
ahora, de que las pulgas son una pesadez.

LOS ALPINISTAS

Hemos organizado una expedición
a estas cumbres elevadas
nunca antes exploradas.
¿Qué dices? ¡Pero qué imaginación!
¿Que se han movido las montañas?
¿Y que roncan, además?
¡Venga ya, todo eso son patrañas!

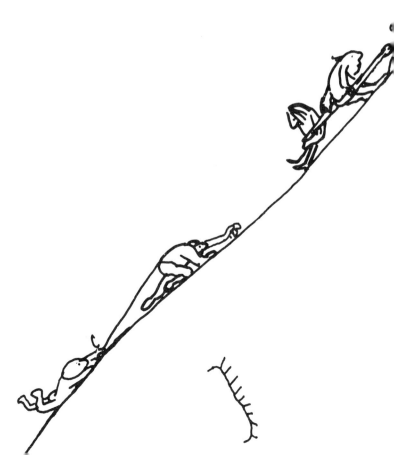

EA, EA

Ea, ea, el nene se menea.
Pero ¿no sabes lo peligroso que es
mecerse en lo alto de una rama?
Y a ti ¿quién te ha subido ahí,
metidito en esa cuna?
Nene, creo que alguien de aquí abajo
no te tiene estima alguna.

EL NIÑO Y EL ANCIANO

«Yo a veces tiro la cuchara al suelo», el niño confesó.
Y el anciano respondió: «También yo lo hago, hijo.»
«Y mojo los pantalones», le susurró el niño al oído.
El anciano entonces sonrió: «También a mí me ha sucedido.»
«Y muchas veces me pongo a llorar», añadió el niño.
«También a mí me suele pasar», el anciano asintió.
«Pero lo peor —dijo el niño con indignación—
es que los mayores no me prestan atención.»
Y sintiendo el calor de una arrugada mano,
«Yo te entiendo», oyó que le decía el anciano.

¡SORPRESA!

Mi abuelo se fue de viaje a Haití
y dos tortugas nos mandó de allí.
Luego, cuando estuvo en Papúa,
envió una auténtica cacatúa.
De Río una iguana nos trajo el cartero
y después de Guyana un oso hormiguero.
Ahora está en la India y esto recibí:
Mi abuelo nunca se olvida de mí.

ABRIR
AQUÍ

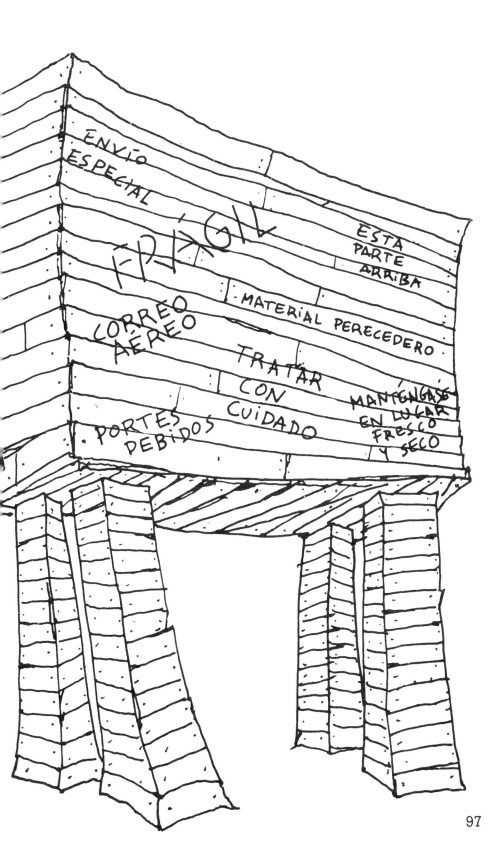

LAS COSQUILLAS DE TOMÁS REVILLA

¿Sabes la historia de Tomás Revilla?
Pues que su mamá un día le hizo cosquillas
y él se retorció con tanta guasa
que rodando salió por la puerta de casa.
Hasta su misma escuela rodando llegó
y allí su pandilla a cosquillas lo sometió.
Tanta risa le entró que se cayó de la silla
y salió del cole rodando otra vez
por las escaleras, y aunque de pronto paró,
después más cosquillas le hizo un policía.
Cuanto más y más Tomás se reía,
más cosquillas le hacían
y gritando y chillando, muerto de risa,
del pueblo salió rodando deprisa.
Carretera abajo, a través del campo,
cosquillas le hizo un sapo en los pies.
Dejó atrás montañas, cruzó las llanuras,
cosquilleáronle las nubes en las alturas,
y las gotas de lluvia con su fina llovizna
y los brotes de hierba con sus suaves briznas.
Y él se revolcaba sin parar de dar tumbos
hasta acabar en mitad de una vía.
Un rugido, un estruendo, un pitido se oyó
y Tomás ya nunca más cosquillas sintió.

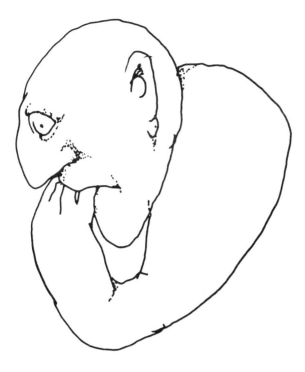

EL QUE SE COMÍA LAS UÑAS

Hay quien se arregla las uñas;
hay quien se las corta con esmero;
hay quien las lleva bien limadas;
yo me las como con fervor.
Ya sé que es un vicio muy feo,
pero antes de criticar,
recuerda que yo a nadie
he querido jamás arañar.

LA MOSCA ESTÁ EN...

La mosca está en
la leche que está en
la botella que está en
la nevera que está en
la cocina que está en
la casa que está en
el pueblo.

La pulga está sobre
el perro que está sobre
la manta que está sobre
la cama que está sobre
el suelo que está sobre
la tierra.

El gusano está bajo
la tierra que está bajo
la hierba que está bajo
la manta que está bajo
el pañal que está bajo
el bebé que está bajo
el árbol.

La avispa molesta
al cachorro que molesta
al perro que molesta
al gato que molesta
al bebé que molesta
a mamá que me molesta
a mí.

VIENTO EXTRAÑO

Qué extraño viento hoy soplaba,
remolinos levantaba, qué insidioso silbaba,
cual cotilla inquieta que de hablar nunca se cansa.
Qué extraño viento hoy soplaba.

Qué extraño viento hoy soplaba,
tan fresco y cristalino en un cielo negro amenazador
que la cabeza se llevó, mas el sombrero dejó.
Qué extraño viento hoy soplaba.

VAMOS A CONTAR MENTIRAS

Por el mar corre la liebre
    «¿La liebre por el mar?»
¿Quién me ha interrumpido?
    «Yo. ¿Desde cuándo las liebres corren por el mar?»
Por el monte la sardina, tralará.
    «¿La sardina por el monte? ¡Ja, ja!»
Sigamos... Me encontré con un ciruelo
cargadito de manzanas, tralará.
    «¡Pero ¿tú te crees que yo soy tonto o qué?!»
Si es una canción, hombre... Empecé a tirarle piedras y...
Bueno, en fin, mejor lo dejamos.

CLAC, CLAC

La morsa se puso aparatos,
de ahí su aspecto tan ingrato,
esa maraña de hierro y metal.
Ella espera que te espera, y no se cansa de esperar.
Quiere colmillos rectos, y que crezcan a la par.
¡Imagina entonces qué mundo ideal!
(Aunque mientras, la pobre, come fatal.)

¿QUÉ DICES QUE HA HECHO BARBAZABACHE?

Bramaba el mar, graznaban las gaviotas,
rugía el contramaestre enojado,
cuando a la desdentada tripulación
se oyó clamar: «¡Es cierto, no es invención,
el capitán Barbazabache se ha afeitado!»
Enterrado el tesoro (y cadáveres, claro),
regresábamos de la cueva
y va el capi y pide agua hirviendo,
baja corriendo a la bodega hecho una furia
y al rato regresa, ¡oh, dioses!, afeitado.
Ahora cual pollo recién desplumado,
la panza de un pez parece
aquel rostro antes tan bravo y bregado.
Hasta su leal loro
ya apenas soporta
ver al viejo Barbazabache afeitado.
Ahora cuando brama: «¡Al abordaje!»,
suena en falsete y hasta da coraje,
y los esclavos se parten desternillados.
Y sus canciones, antes burdas y obscenas,
más que ofender a todos nos dan pena
desde que Barbazabache se ha afeitado.
Nadie teme ya su látigo ni su mirada,
tampoco ser condenado a morir ahogado.
Y es que en este mundo de la piratería
ya nada es lo que fue en su día
desde que Barbazabache se ha afeitado.

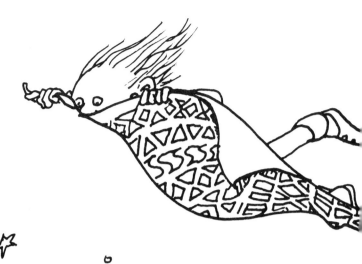

ALFOMBRA MÁGICA

Tienes una alfombra mágica
que por las nubes te transportará
a China, Filipinas o el Nepal
sólo con el destino mencionar.
¿Prefieres dejarte llevar y explorar
exóticos mundos alzando el vuelo,
o comprar cortinas a conjunto
y dejar que
adorne
el suelo?

¿EXTERIOR O INTERIOR?

Juan se compró un traje muy caro,
mas no pudo comprarse ropa interior.
«Quién va a saber lo que llevas dentro
—dijo Juan— si bello es tu aspecto exterior.»

Blas se compró un calzón muy caro
y un traje andrajoso que daba horror.
«No me importa lo que la gente vea
—dijo Blas—, sabiendo yo qué llevo en mi interior.»

Luis se compró una flauta, pinturas,
queso, pan y una pera que era un primor,
y en cuanto a traje o ropa interior
para él no tienen importancia... ni valor.

A LA ALMEJA TODO LE DA IGUAL

Tú deja a la almeja en el fondo del mar,
que a la almeja todo le da igual.
Miles de años han pasado y no va a cambiar,
pues a ella todo le da igual.
Cúbrela de arena por completo,
úsala como amuleto,
juega con ella a la rayuela,
que a la almeja todo le da igual.

Llámala Mar, Estrella o Violeta
que a la almeja todo le da igual.
Hazte con ella un cenicero
que a la almeja todo le da igual.
Paséala si quieres en auto,
déjala a la intemperie una noche
que ella no te hará ningún reproche,
pues a la almeja todo le da igual.

Ya puede la Tierra rodar o dejar de girar,
que a la almeja todo le da igual.
Ya se puede derrumbar el cielo entero
que a la almeja todo le da igual.
Ya puede el hombre seguir con sus pesadas cantinelas
de derechos curvos, de torcidas reglas
que ella sigue con la llave echada,
pues a la almeja todo le da igual.

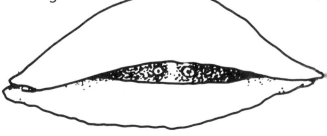

HULANGUILA

Agarra una anguila,
luego hazle un lacito,
y tendrás un hula-hoop para ti solito.
Sube a la barbilla, baja al tobillo,
¡qué trompos, qué giros, qué molinillo!
Qué mascota tienes, no para quieta,
ella aprieta que aprieta, ¿a que aprieta?
¡Eh, tú!... ¿se te comió la lengua el gato?
Llevas ahí morada un buen rato.

UNA TABLA A SECAS

No me puedo permitir
una tabla de *skate*.
No me puedo permitir
una tabla motora.
No me puedo permitir
una tabla de surf.
Sólo me puedo permitir
una tabla, y ya está.

ESTAR DE PIE ES DE TONTOS

Estar de pie es de tontos,
arrastrarse es rastrero,
botar es de botarates,
caminar es una calamidad.
Saltar es una sandez,
sentarse un sinsentido,
moverse una memez,
brincar es aburrido.
Correr es una idiotez...
Bah, mejor regreso arriba
y me tumbo otra vez.

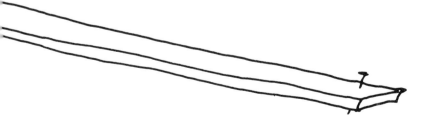

¿QUIÉN PIDIÓ CARA A LA PARRILLA?

Aquí tiene, señor,
el plato que pidió:
cara a la parrilla con mantequilla
y su guarnición de papas al ajillo.
¿Cómo? ¿Que me pidió en picadillo?

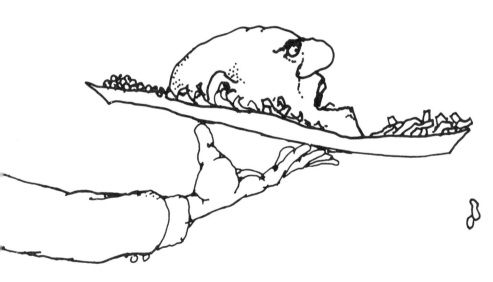

EL CABALLERO DEL CUBO DE HIERRO POR ANTIFAZ

El caballero del cubo de hierro por antifaz
es hombre capaz de las más arduas tareas:
se bate en duelos, pelea en justas,
embiste enemigos, persigue forajidos,
realiza escaladas, estrofas rimadas,
carreras y campeonatos muy reñidos.
Su valor no tiene reparo en mostrar,
pero su rostro, jamás,
ni al más pertinaz.
Estamos ante el valiente, el audaz,
el hombre que apenas puede llorar,
el caballero del cubo de hierro por antifaz.

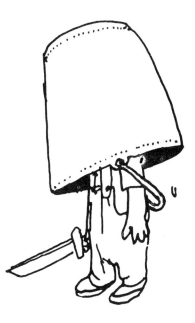

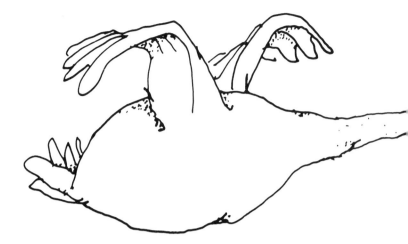

GOLOGOLO

El gologolo es un ave
que no tiene extremidades.
El gologolo no puede
caminar por las ciudades.
No puede construir
nidos para sus polluelos.
No puede aterrizar
y descansar en el suelo.
A través de lluvia y nieve,
entre cielos tormentosos,
el gologolo planea
con lágrimas en los ojos,
pues no tiene más remedio
que poner en pleno vuelo
y rezar para que intactos
los huevos lleguen al suelo.

QUEBRADERO DE CABEZA

Que este árbol me esté creciendo en la cabeza
a veces me inquieta sobremanera.
Soy retorcido, sarmentoso, pelado, pinchoso,
pero, espera, que ya me verás en primavera.

VIAJE RELÁMPAGO

Nos ha engullido un gierón, fiera de rápida digestión.

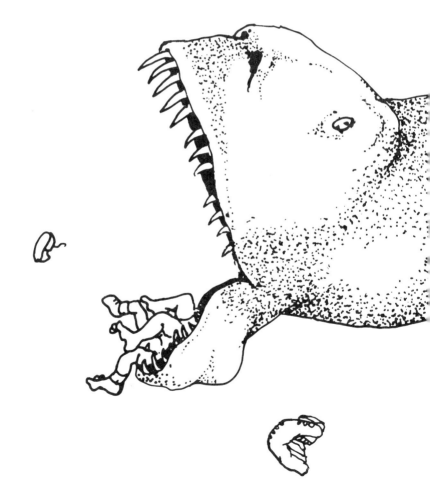

De momento hemos pasado esas filas de colmillos...

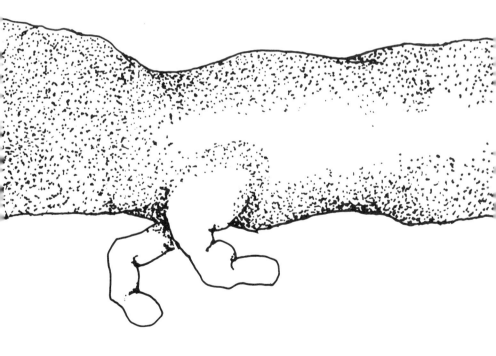

En los intestinos paramos, y sin más dilación...

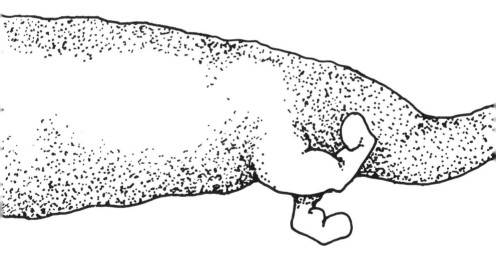

A la calle otra vez: se acabó el paseíllo.

DORITA Y EL PRECIOSO PONI

Había una chica llamada Dorita
que yendo en coche a pasear
por el campo
con sus papás
vio al pasar, de refilón,
un bello y tristón poni gris.
Y junto a él un letrero
que decía:
SE VENDE: MUY BARATO.
«¡Oh! —exclamó Dorita—.
¡Yo quiero ese poni!
Comprádmelo, por favor.»
Y sus papás respondieron:
«Ni pensarlo, Dorita.»
Dorita suplicó:
«¡Por favor, COMPRÁDMELO!»
Y sus papás replicaron:
«Ni por favor ni sin favor.
En casa si quieres te hacemos un hela
con ricas pasas y chocolate almendra

EL PONI
QUE NO
QUISIERON
COMPRARME.
¡Demasiado
tarde!

Dorita respondió:
o no quiero ningún helado
chocolate almendrado.
O QUIERO ESE PONI.
NÉIS QUE COMPRARME EL PONI.»
sus papás dijeron:
orita, cierra ya la boquita,
e no te compramos el poni.»
Dorita dijo llorando:
i no me lo compráis, moriré.»
Qué te vas a morir! —respondieron—.
ngún niño se ha muerto por un poni.»
as Dorita estaba tan apenada
e al llegar a casa se metió en la cama
dejó de comer,
dejó de dormir,
e le rompió el corazón
murió y la enterraron.
todo por el poni tristón
e sus papás no le compraron.

ste es un cuento muy útil
e os convendrá contar
uestros queridos papás
ando algo no os quieran comprar.)

REMEDIO INFALIBLE PARA EL HIPO INCONTENIBLE

Hip...
Hip...
Hip...
Hip...
¿Quieres quitarte el hipo en un periquete?
Saca la lengua y muérdete el moflete.
Ahora aguanta sin respirar, y mueve el paripé.
Luego, con el pie atrás, das un puntapié.
El hipo se te habrá ido, ya verás.
Es bien sencillo, ¿verdad?... ¿A que estás como nuevo?
Hip...
Bueno...

EL PINTOR

Soy el pintor de las rayas negras de las cebras,
soy el que pinta verrugas en los sapos
(con mis pinceles y pinturas los dejo bien guapos).
Al leopardo le pinto unas pintas de locura
y sobre la ardilla listada vierto color y lisura.

Yo soy quien pinta rojo al petirrojo,
y quien mancha de azul al pato, y al arrendajo.
Cuando está apagada,
salpico a la luciérnaga de pintura plateada
y así vuelve a brillar...

¿La señora Escarcha? Bah, ésa es sólo una temporera
que pone blanco en hojas, ramas y carreteras.
Será muy famosa, pero no
más dichosa que yo.
¡Sí! ¡Pinto de colores todo lo que canta, corre y vuela!

NADIE

Nadie me quiere.
Nadie me adora.
Nadie me corteja con fresas y moras.
Nadie me ofrece caramelos y bollos.
Nadie se ríe con mis bromas y trolas.
Nadie sale en mi defensa en las peleas.
Nadie me ayuda con deberes y tareas.
Nadie me añora.
Nadie me llora.
Nadie me cree persona encantadora.
Y si me preguntas quién es mi amigo,
te diré que Nadie se junta conmigo.
Aunque anoche desperté y, asustado,
vi que Nadie había desaparecido.
Llamé, y la mano de Nadie quise buscar
en la oscuridad donde suele aguardar.
Por los rincones de casa rebusqué
y en todos a alguien siempre encontré.
Ya estoy harto de buscar, y ahora que ha amanecido,
ya no cabe duda:
¡Nadie se ha ido!

PREGÚNTALE A LA CEBRA

Le pregunté a la cebra:
«¿Tú eres negra y de blanco listada?
¿O eres blanca con negras rayas?»
Y la cebra me respondió:
«Y tú, ¿eres bueno y malo a ratos?
¿O eres malo y bueno a ratos?
¿Eres revoltoso y tranquilo a días?
¿O eres tranquilo y revoltoso a días?
¿Eres feliz y triste por momentos?
¿O eres triste y feliz por momentos?
¿Eres limpio y sucio a veces?
¿O eres sucio y limpio a veces?»
Y a una pregunta le siguió otra
y después otra y otra y otra más.
Así que a una cebra por sus rayas
no le vuelvo
a preguntar
jamás.

EL TRAGASABLES

El gran tragasables Omar Shalomar
ni corbatas ni cuellos suele llevar.
Se echa hacia atrás, abre la boca,
entra el sable, ¡glup!, y venga a tragar

Será que a Shalomar le da gustillo
sentir en la panza el frío acero.
Allá él, pero yo el bocadillo
de pan con jamón y queso
prefiero.

FLECHAS

Un día lancé al cielo una flecha,
que hacia una nube blanca fue derecha.
La nube moribunda ante mí cayó,
nunca más lanzaré una flecha yo.

EL SAPO Y LA CANGURO

Le dijo el sapo a la canguro:
«Saltando de este modo, si en un futuro
tú y yo nos casamos, podemos tener un hijo
que salte montañas y millas de un brinco.
Y podríamos ponerle por nombre Sapuro.»
Así habló el soñador sapo a la canguro.

Le respondió entonces la canguro: «¡Oh, querido!
¡Ay, qué maravillosa idea has tenido!
Contigo yo me casaría a buen seguro,
pero es que no me gusta eso de Sapuro.
Yo quisiera que lo llamáramos Cangurapo.»
Así habló la canguro al ceñudo sapo.

Mas, tras mucho cavilar, no lograron decidir
si Saropo, o Cansaro le iban a llamar,
hasta que, harto, el sapo soltó: «¡Pues vaya plan!
¿Sabes qué? Igual da Gurosapo que Sapocán,
pues contigo ya no me voy a casar!»
«¿Ah, no? ¡Pues a mí plin!», repuso la canguro.

El sapo ya nada más tuvo que objetar,
y la canguro de allí se fue venga a saltar.
Así que ni se casaron ni tuvieron hijos
que saltaran montañas y millas a brincos.
Qué gran lástima, qué pena: no se unieron
sólo porque en el nombre no coincidieron.

PELOTA DE JUEGO

Venga, a jugar, que creo
que ya tenemos a todos los integrantes del equipo.
Yo seré el forzudo lanzador,
que veloz y raudo lanza y a todos quita el hipo.
Carlos recibirá la bola
mientras agachado y expectante aporrea el guante.
Y Luis será el gran bateador,
que a cazarla espera con un gruñido amenazante
y la lanza al otro lado
de un sonoro golpazo, rotundo y triunfal.
¡Vamos a empezar!... ¿Qué? ¡Ah, tú!
Pues tú haz de pelota, si no te parece mal.

AMISTAD

Ya sé cómo ser amigos para siempre.
Es bien fácil, ya verás:
Yo ordeno lo que tienes que hacer,
¡y tú lo haces!

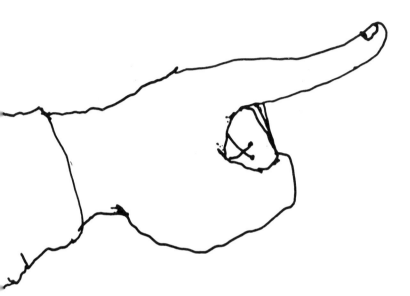

DIAGNÓSTICO

Fui al médico
y en la garganta me empezó a hurgar:
Sacó de dentro un zapato
y un barquito de esos de jugar;
después un sillín de bicicleta
y un patinete extrajo de un tirón.
Luego dijo: «Chico, cuidado,
y vigila tu alimentación.»

POEMACICLO

¿Si a un mono le pusieras un ciclo
sería el mono un monociclo?
¿Y un foco, sería un focociclo?
¿Y un loco, sería un locociclo?
¿Y un moco, sería un mocociclo?
¿Y un coco, sería un cocociclo?
¿Y un choco, sería un chocociclo?
Mejor que me calle un pocociclo.
¿O será calleciclo un pocociclo?
Ayciclo, no puedociclo pararciclo.
Ayciclo, solociclo faltariaciclo
tenerciclo quececiclo hablarciclo
asiciclo paraciclo siemprecilo.
¿Callaciclo?

SENTIDOS

Conversaba una boca con una nariz y un ojo,
y una oreja los oyó al pasar.
«Disculpen —se presentó—, pero hablaban tan alto
que sin querer me he puesto a escuchar.»
La boca al instante se cerró, la nariz se arrugó
y el ojo apartó la mirada.
La pobre oreja, no teniendo ya nada que escuchar,
su camino siguió apenada.

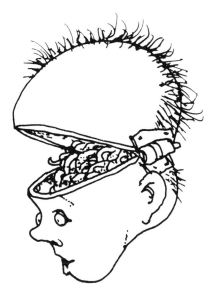

BISAGRAS

Si el hombre tuviera bisagras en la cabeza
no existiría jamás ningún pecado,
pues afuera sacaríamos todo lo malo
y dentro dejaríamos lo bueno guardado.

MIEDO

Bernabé Bordones Maldonado
temía tanto morir ahogado
que no se atrevía a nadar
ni a montar en barco
ni a tomar un baño
ni a saltar un charco.
Tanto el agua le espantaba
que, después de echar la aldaba,
las ventanas de casa claveteó,
y así temblaba noche y día,
por si una ola lo sorprendía,
y lloraba y lloraba tanto
que las lágrimas su cuarto inundaron
y el pobre se ahogó.

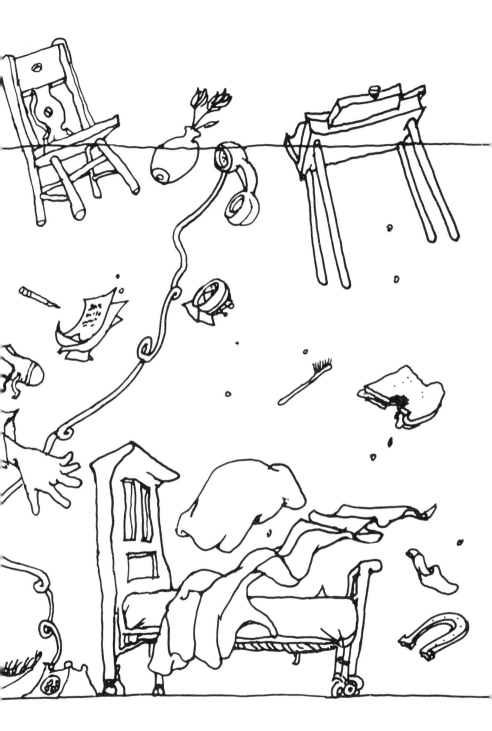

EL MALEABLE HOMBRE PLEGABLE

Os presento al plegable, extensible,
reversible y maleable contorsionista.
Cabe en un bolsillo encogido, pasa por el ojal de un traje
y a tornillo se introduce en enchufes de bajo voltaje,
y si quiere también se reduce hasta colarse en un dedal,
o se estira hasta alcanzar las campanas de la iglesia.
Todo es posible para el artista,
el plegable, extensible,
reversible y maleable contorsionista.
Vive una más que pasable existencia
con la amable, respetable, adorable
y encorvable mujer querida
y dos maleables ricuras
que también con su cuerpo hacen locuras.
Se doblan, se estiran
para el artista
plegable,
complaciente,
muy moldeable,
extensible,
reversible,
muy responsable,
adorable,
siempre adaptable
casi irrompible
contorsionista.

EL MURCIELAGUITO

El murcielaguito
gritó, muerto de miedo:
«Apaga, por favor;
que la luz me da pavor.»

PEGAR

Para pegar a un tocino, usa un espino.
Para pegar a un cerdo, una vara de cedro.
Para pegar a una serpiente, un tridente.
Para pegar a un escualo, usa un palo.
Para pegar a un escorpión, un cinturón.
Y si me pegas a mí, mejor usa un plumón.

PILLADO AL VUELO

Quise pillar un resfriado
al verlo pasar zumbando
una tarde de otoño
algo fría y húmeda.
Quise pillar un resfriado,
pero se escapó volando
cuando fui a agarrarlo.
Mas me alegro de que tú sí que lograras pillarlo.

MARIO, EL MUDITO

Mario, el mudito, conoció a la locuaz Lis.

Pero...  es todo lo que él pudo decir.

Mario, me gustas mucho», confesó Lis sin titubeos.

Pero...  es todo lo que él pudo decir.

¿Y yo, te gusto a ti?», se atrevió a añadir Lis.

Pero...  es todo lo que él pudo decir.

Pues, adiós, Mario», al fin se despidió Lis.

Pero...  es todo lo que él pudo decir.

Y Lis se fue para siempre sin poder deducir

que...  significa «te quiero».

GRAN DIVERSIÓN

En este parque acuático
pueden nadar sin precaución.
Les garantizo
que aquí no hay ningún tiburón.

EL DÍA PERRO

Ya podrían haberme cantado una canción,
digo yo, celebrarlo con cierta etiqueta,
ponerme un detalle en el jardín, una atención...
un jugoso hueso, una buena chuleta...
en lugar de dejarme esta birria de velón
plantado en un montón de chucho-croquetas.
Un día de perros para nadie es gran ocasión:
¿Y éste es mi pastel? ¡Pues vaya jugarreta!

EL DESPLUMAPIELES

Hoy noche me bajé la cremallera
y me quité la piel, y la cabeza,
como hago siempre antes de dormir,
me desatornillé de una pieza.
Mientras dormía acudió un coco
(más desnudo imposible)
y encima se puso la piel
y atornilló la cabeza
que antes fueran de mi propiedad.
Ahora estoy con el alma en vilo
y él con mis pies va tan campante
gamberreando noche y día,
haciendo y diciendo cosas
que yo nunca haría ni diría;
a los niños cosquillea,
a los mayores patea,
y a las señoras las saca a bailar.
Así que si el tipo te marea
o te hace llorar amargas lágrimas,
que sepas que no soy yo el salvaje,
pues quien va por ahí con mi traje
es el coco
que mi piel tomó prestada.

LAS DAMAS PRIMERO

Carlota Quintero gritaba: «Las damas primero»,
cuando la cola de los helados se saltaba.
Carlota Quintero gritaba: «Las damas primero»,
cuando el ketchup en la cena te arrebataba.
Al subir por la mañana al autocar
nos apartaba a codazos, sin dejar de empujar,
y qué peleas y trifulcas se armaban
cuando «Las damas primero», la oías gritar.

«Las damas primero», gritó otra vez la Quintero
cuando un día nos fuimos a la selva de excursión.
Carlota dijo que ella bebía primero
y se tragó nuestra cantimplora de un tirón.
Caímos prisioneros entre la espesura
y una tribu salvaje atados nos llevó
en fila india para rendir al rey pleitesía,
y vimos al jefe caníbal Grantonelaje
con su babero ocupar el trono de gran linaje,
relamiéndose tenedor en ristre, el malandrín,
y cavilando cuál iría primero al potaje.
Entonces Carlota Quintero desde el fondo,
con su voz de jilguero, gritó: «Las damas primero.»

SUEÑO CONGELADO

Tomaré el sueño que tuve anoche
lo meteré en el congelador,
y así algún día en el futuro,
cuando sea un vejestorio,
podré sacar y descongelar
ese bello sueño congelado,
y una vez caliente meteré dentro
mis viejos pies, fríos y arrugados.

LA GATA PERDIDA

Se nos ha perdido la gata,
no sabemos dónde estará dando la lata.
Pero ¿dónde se habrá metido?
¿Alguien sabe adónde ha ido?
Preguntemos a ese sombrero con patas.

EL VOLANTE DE DIOS

Va y me dice Dios, así como con guasa:
«¿Qué, te apetece ser Dios un segundo
y ponerte al mando del mundo?»
«Ah, pues sí —voy y respondo—: Por probar...
A ver, ¿en qué dirección?
¿Qué me llevo de comisión?
¿Cuándo se va a cenar?
¿Cuándo lo puedo dejar?»
«Trae aquí ese volante —me dice entonces Dios—
que estás tú muy verde para esta misión.»

CARRERA A LA SOMBRA

Cuando corro contra mi sombra
con el sol a mis espaldas,
siempre es ella quien gana la carrera
siempre es ella quien queda la primera.
Mas cuando corro contra mi sombra,
cuando tengo el sol delante,
el vencedor siempre soy yo.

GASTÓN

El pequeño Gastón, natural de Asunción,
adoraba los anuncios de la televisión.
Embobado, todo lo que veía admiraba
y todo lo que anunciaban se compraba:
cremas para dar a su cutis un tono mejor,
lacas para dar a su pelo un lustre mayor,
lejías para lavados de nívea blancura,
vaqueros mejor ajustados a su figura.
Pastas de dientes para las caries,
polvos de perro, para las pulgas,
elixires contra el mal aliento,
desodorantes contra el sudor corporal.
Todo cereal que salía Gastón lo compraba,
también cualquier juguete que se inventara.
Mas un día viendo la tele esto oyó:
«¡Mejores papás y mamás, señores! ¡Ya salió!
¡Ya salió al mercado esta nueva creación!
¡Corran y compren este producto sin perder un segundo!»
Y Gastón, claro, corrió disparado a pedir
los nuevos papás recién salidos al mercado.
Una mañana el encargo trajo el cartero
y a sus papás viejos los vendió al trapero.
Ahora todos son felices y comen perdices:
Sus papás nuevos lo agasajan y miman
mientras que los viejos trabajan en la vieja mina.
Así que ya sabes: si tus padres se portan mal
y te hacen comer pucheros de horrible sabor,
y lavarte, y peinarte, y esperar tu turno
y acostarte enseguida después de cenar,
y siempre te andan gritando y sermoneando,
será porque de tanto uso se están gastando.
Tú pídete esos papás de nueva creación
y verás: ¡Todos tan contentos como Gastón!

RINOGRÁFICA

A ver, simpático,
dime si has visto algo más disparatado,
en tus viajes a lo largo y ancho del horizonte,
que, por olvidar el instrumento estilográfico,
tener que escribir un dictado
con
el
cuerno
de
un
paciente
rinoceronte.

SI

Si tuviera ruedas en lugar de pies,
y en lugar de ojos tuviera rosas,
iría rodando al concurso floral
y quizá me tocara alguna cosa.

PULSIONES

Pulso el botón de la luz y —zas— se ilumina el salón.
Pulso el del aspirador y —blup— se lleva el cordón.
Pulso el de las coca-colas y —plom— sale la lata.
Pulso el de la guantera y —clac— se abre la tapa.
Pulso el del televisor y —zap— me sale *Excalibur*.
Pulso el botón del ombligo...
¡BURP!

¡SECUESTRADA!

Esta mañana fui secuestrada
por tres hombres enmascarados
que me asaltaron en la acera.
Me ofrecieron caramelos
pero, viendo que no los aceptaba,
me agarraron por las solapas
y sujetándome por los brazos,
me empujaron al asiento trasero
de una gran limusina negra,
con las manos atrás amarradas
con alambre de espino oxidado.
Me pusieron una venda en los ojos
para que no viera adónde me llevaban
y me taparon los oídos con algodones
para que no oyera de qué hablaban.
Tras veinte kilómetros de vueltas
o veinte minutos como poco,
me sacaron del coche a rastras,
me bajaron a un sótano siniestro,
dejándome allí arrinconada,
y salieron a por el rescate
mientras uno vigilaba.
Con la pistola me apuntaba
y atada a un cajón con tachuelas...
¡Por eso llego hoy tarde a la escuela!

SUSPENSE

El vil villano Tobías
ató a Julieta a las vías
en una vil fechoría sin escapatoria plausible,
mientras Romeo todavía
en la choza seguía,
prisionero de Raimundo Temible.
Luego atacaron los lobos
y los demás cuatreros, ocultos tras los algarrobos,
abrieron fuego, armando un ruido increíble.
¡PUM! ¡CRAS! ¡AAAY! Y... esto es lo que hay.
Lo siento, ya no sé cómo sigue la historia.

LA GRAN VISITA

Cuando la bicha Picafilada
a mi casa acuda de visita,
quizá me encuentres en Bhután o Hanoi,
o puede que en Hong Kong, en el cuarto
de invitados del tío Eloy.
Tal vez me halles en La Haya, o en Ghana,
o búscame en Cuenca, o en Sofía,
o a lo mejor en Venecia, o sino en Suecia o incluso puede
que en la heladería.
¿Por qué no pruebas en Hamburgo,
en Laos, o en Kioto,
o en Kenia? ¿Y en Mombasa?
Pero ya digo, si acaso das conmigo,
SEGURO que no será en mi casa.

EN POS DE CENICIENTA

Vago noche y día,
buscando de pueblo en pueblo,
sin ninguna idea cabal,
el fino pie que encaje
en mi zapato de cristal.
Vago noche y día
y a todas las doncellas
se lo pruebo muy cortés.
Yo aún la quiero, pero
qué asco me dan ya los pies.

MAL NO ESTÁ

«Mal no está... mas no es perfecto»,
se lamentó Esperancita Lodosa
en la fiesta de su séptimo cumpleaños
al ver la sala adornada y el mantel de color rosa.
«Un mantel blanco habría sido más correcto.
Mal no está... mas no es perfecto.»

«Mal no está... mas no es perfecto»,
la joven Esperanza dijo al calificar
al apuesto y elegante pretendiente
que finalmente rechazó.
«Me achucha mucho, tiene ese defecto.
Mal no está... mas no es perfecto.»

«Mal no está... mas no es perfecto»,
repetía la señorita Espe corrigiendo
exámenes de su curso de secundaria,
allá arriba en su habitación sentada,
en la penumbra de una madrugada.
«Otro más con los puntos y comas incorrectos.
Mal no está... mas no es perfecto.»

Con noventa y ocho años doña Espe murió
poniendo peros a un suelo inmaculado.
La gente, sacudiendo la cabeza, murmuró:
«Ojalá que el cielo sí sea de su agrado.»
Su espíritu alado dejó su cuerpo,
salió por la puerta y al cielo se dirigió.
Pero del cielo llegó una voz que decía:
«Mal no está... mas no es perfecto.»

CUESTIÓN DE VIDA O MUERTE

Si como otro pedazo de pastel ¡me muero!
Si no lo como, ¡me muero!
Coma o no coma, está claro que morir muero.
así que me lo comeré ahora que puedo.
¡MMM!... ¡OOOH!... ¡Qué bueno!
Ñam... Glup... ¡Adiós, que muero!

EL ROBLE Y LA ROSA

Un roble y un rosal crecieron juntos,
y juntos pasaron su juventud
hablando del agua, el aire, el tiempo
y demás elementos de igual magnitud.
Mientras bella brotaba la rosa,
el roble crecía y crecía
y hablaba de águilas, altas cimas
y nubes que en las alturas veía.
«¿Tú te crees muy importante, verdad?»,
se oía decir a la rosa excitada,
con una voz que se encaramaba
hasta llegar a la copa del roble.
«Claro, ahora que eres grandullón,
hablar con flores te parece banal.»
«Rosa, no es que yo haya crecido
—dijo él—. Es que tú no te has movido.»

AL CAMELLO LE HAN PUESTO SUJETADOR

Al camello le han puesto sujetador,
porque según ellos no iba muy decente.
Al camello le han puesto sujetador,
pues veían sus dos jorobas muy prominentes.
Y planean más decorosas actuaciones:
pretenden que los cerdos lleven pantalones,
y hasta a los patos vestirán si hallan razones,
cuando ya al camello le han puesto sujetador.

Al camello le han puesto sujetador,
pues dicen que así no andará tan descocado.
Al camello le han puesto sujetador
y el pobre camello ni ha rechistado.
¡A saber cómo se lo habrán embutido!
Dicen que así va más digno y más lucido.
Dios sabe a la vaca qué le pondrán por vestido,
si ya al camello le han puesto sujetador.

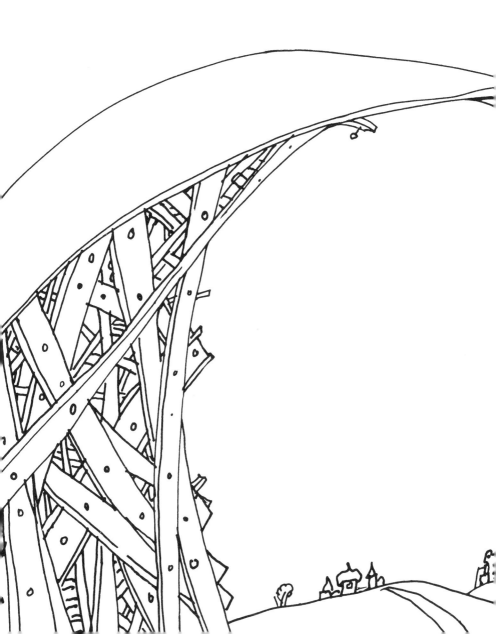

ESTE PUENTE

Este puente que ves te deja sólo a la mitad del camino
de las lejanas tierras que anhelas, de esos parajes
con sus campamentos gitanos, bulliciosos bazares beduinos,
y bosques de luz de luna donde los unicornios corren salvajes.
Ven, camina un poco conmigo, pues yo ya he sido peregrino
y te mostraré mundos maravillosos por laberínticos repechos,
mas este puente te deja sólo a la mitad del camino.
Tú solito deberás emprender el último y breve trecho.

ÍNDICE

Mi más profundo agradecimiento a Charlotte Zolotow, Joan
Robbins, Robert Warren, Jim Skofield, Glenise Butcher y John Vitale
por su ayuda en la preparación de este libro.
Y, muy especialmente, a Ursula Nordstrom, como siempre...

Shel Silverstein

La Escritura Desatada